Punschlied

VON FRIEDRICH SCHILLER

Vier Elemente,
Innig gesellt,
Bilden das Leben,
Bauen die Welt.

Preßt der Zitrone
Saftigen Stern!
Herb ist des Lebens
Innerster Kern.

Jetzt mit des Zuckers
Linderndem Saft
Zähmet die herbe
Brennende Kraft!

Gießet des Wassers
Sprudelnden Schwall!
Wasser umfänget
Ruhig das All.

Tropfen des Geistes
Gießet hinein!
Leben dem Leben
Gibt er allein.

Eh es verdüftet
Schöpfet es schnell,
Nur wenn er glühet,
Labet der Quell.

SASCHA J. SCHÖMEL
MIT FOTOGRAFIEN VON VERENA SUSANNA WOHLLEBEN

Punsch

Coole Drinks – heiß geliebt!

VORWORT

Liebe Freunde,

als ich gefragt wurde, ob ich nicht Lust hätte, Punschrezepte für ein Buch zu entwickeln, zögerte ich nicht lange und machte mich gleich ans Werk.

Punsch, ein ziemlich nostalgisches Getränk, ist in der kalten Jahreszeit etwas ganz Besonderes, um die Herzen und Gemüter zu wärmen.
Aber was ist Punsch eigentlich genau und wo kommt er her – außer vom Glühweinstand auf dem Weihnachtsmarkt oder aus Omas Küche?

Punsch stammt ursprünglich aus Indien und wurde von englischen Seefahrern mit nach Europa gebracht, wo er schnell an Beliebtheit gewann. Der Begriff kommt aus dem Hindi und ist abgeleitet vom Wort für »fünf«, denn aus fünf Zutaten besteht das Getränk traditionell: Arrak (ein Zuckerrohrdestillat), Zucker, Zitrone und Tee oder Wasser mit Gewürzen. In Deutschland war Punsch einmal der Silvestertrunk schlechthin, aber leider ist er zugunsten von Sekt und Champagner aus der Mode gekommen.

Ich bin seit vielen Jahren Sommelier in der Sternegastronomie sowie geprüfter Barkeeper und habe an unterschiedlichen Flecken der Erde gelebt und gearbeitet. Das spiegelt sich in so manchem der folgenden Rezepte wider. Ich liebe es, alkoholische (aber auch nichtalkoholische) Getränke mit Gewürzen zu verfeinern oder zu aromatisieren. Am meisten gefällt mir am Punsch jedoch, dass man mit wenig Zeitaufwand aus einer Handvoll Zutaten etwas richtig Gutes zaubern kann. Topf auf den Herd, alles rein, einmal umrühren und fertig ist der Genuss ... was will man mehr?

Ich wünsche euch beim Ausprobieren ganz viel Vergnügen. Genießt einen schönen heißen Punsch mit euren Freunden oder mit der Familie.

Euer
Sascha J. Schömel

INHALT

CREMIG-SANFT

Rum · Ei · Lavendel

Ergibt 2 Liter •·

1,5 l Weißwein
4 TL getrocknete Lavendelblüten
6 Eigelb
5 EL Puderzucker
140 ml weißer Rum
Lavendelstängel zum Garnieren

Den Weißwein mit den Lavendelblüten in einem Topf erhitzen. Eigelb und Puderzucker in eine große Schüssel geben und über einem heißen Wasserbad schaumig schlagen, dann den Rum unterziehen. Den aromatisierten Wein durch ein Sieb gießen und langsam unter die Eigelb-Rum-Mischung schlagen.

Den Punsch in Gläser füllen, mit Lavendelstängeln garnieren und heiß genießen.

WINTERLICH–WÜRZIG

Kirsche · Nelke Honig

Ergibt 2 Liter

1 Glas Kirschen
1,5 l Weißwein
4 Gewürznelken
1 Zimtstange
5 EL Honig
300 ml Rotwein (lieblich)
Zimtstangen zum Garnieren

Die Kirschen in ein Sieb abgießen und den Saft auffangen. 200 ml Saft abmessen und mit Weißwein, Nelken und Zimtstange in einem großen Topf erhitzen. Mit dem Honig süßen. Zum Schluss den Rotwein hinzufügen und den Punsch noch einmal erhitzen, aber nicht aufkochen lassen.

Die Kirschen auf Gläser verteilen und mit dem Punsch übergießen. In jedes Glas eine Zimtstange geben und den Punsch heiß genießen

WEIHNACHTLICH

Schokolade · Orange Zimt

Ergibt 2 Liter

1 unbehandelte Orange
500 g dunkle Kuvertüre
2 l Milch
1 TL Lebkuchengewürz
2 Zimtstangen
Orangenlikör (vorzugsweise Angel d'Or, Mallorca)

Die Orange heiß abwaschen und mit einem Sparschäler nur die äußere Schale dünn abschneiden. Die Frucht in Scheiben schneiden. Die Kuvertüre hacken, etwas zum Garnieren beiseitestellen. Die Milch mit Orangenzesten, Kuvertüre, Lebkuchengewürz und Zimtstangen aufkochen, dann 4 Minuten auf kleiner Stufe köcheln lassen, dabei gelegentlich umrühren.

Durch ein Sieb gießen und in Punschgläser füllen, mit Orangenlikör (mein absoluter Liebling ist der mallorquinische Angel d'Or) abrunden. Jedes Glas mit geraspelter Kuvertüre und einer Orangenscheibe garnieren. Den Punsch warm genießen.

EXOTISCH GRÜN

Matcha-Yuzu Gin

Ergibt 2 Liter

200 ml Infused Gin mit Koriander
(Rezept siehe unten)
2 TL Matchapulver
50 ml Yuzu-Saké
Saft von 10 Limetten
20 EL brauner Zucker
1 grüne Spitzpaprika
zum Garnieren

Für den Infused Gin mit Koriander
1 Flasche Gin (750 ml)
10 Korianderstängel

Für den Infused Gin sollten ca. 5 cl aus der Flasche fehlen, damit Platz für die Korianderstägel ist. Den Koriander in die Flasche geben, 24 Stunden ziehen lassen, dann wieder entfernen.

1,7 l Wasser auf 80 °C erhitzen. Das Matchapulver damit übergießen und mit einem Schneebesen verquirlen. Koriandergin, Yuzu-Saké und Limettensaft dazugeben. Den Punsch mit dem braunen Zucker süßen.

Die Paprika in Ringe schneiden. Den Punsch auf Gläser verteilen und mit Paprikaringen garnieren.

Tipp

Yuzu-Saké macht auch enorm viel Spaß als erfrischender Sommerdrink:

Auf 2 cl Yuzu-Saké 1 Dash (Spritzer) Soda und 100 ml Winzersekt oder Champagner gießen und mit Basilikumsprossen garnieren.

FRUCHTIG-ROT

Rote Bete · Rum Purple Curry

Ergibt 2 Liter

4 Orangen
500 ml Rote-Bete-Saft
1 l Kirschsaft
200 ml brauner Rum
4 EL Agavendicksaft oder Honig
200 g Gojibeeren
2 TL Purple Curry (Curry-Gewürzmischnung mit Hibiskusblüten)
Basilikumblätter zum Garnieren

Die Orangen auspressen. Den Orangensaft mit Rote-Bete-Saft, Kirschsaft und braunem Rum in einem Topf erhitzen, mit Agavendicksaft oder Honig süßen und die Gojibeeren hinzufügen. Den Punsch mit Purple Curry aromatisieren.

In Gläser füllen, mit Basilikum garnieren und heiß genießen.

HERB-FRISCH

Grüner Tee · Zitronengras Whisky

Ergibt 2 Liter

7 TL grüner Tee (oder 7 Teebeutel)
1 Zitronengrasstängel, zzgl. Zitronengras zum Garnieren
3 Kaffirlimettenblätter, zzgl. Kaffirlimettenblätter zum Garnieren
10 Limetten
200 ml Single Malt Whisky
20 EL brauner Zucker (oder weniger, ganz nach Geschmack)

Die Teeblätter in ein Tee-Ei füllen. In einem großen Topf mit 1,7 l heißem, aber nicht mehr kochendem Wasser übergießen und 4 Minuten ziehen lassen, danach das Tee-Ei entfernen und den Tee in einen Topf gießen. Den Zitronengrasstängel leicht andrücken und zusammen mit den Limettenblättern dazugeben. Gut ziehen lassen.

Die Limetten auspressen. Den Saft und den Whisky ebenfalls in den Topf geben und den Punsch mit braunem Zucker nach Geschmack süßen. Alles noch einmal erhitzen und heiß in Punschgläsern servieren. Mit Limettenblättern und Zitronengras garnieren.

Tipp

Übrig gebliebener Punsch lässt sich hervorragend in Flaschen füllen und hält gut 6 Monate. Im Sommer genießt man ihn dann kalt, kurz mit Eis im Shaker geschüttelt.

SAHNIG-WÜRZIG

Kaffee · Butter Muskat

Ergibt 2 Liter

12 TL brauner Zucker
8 TL Butter
Salz
4 Messerspitzen frisch geriebene Muskatnuss
4 Messerspitzen gemahlener Zimt
4 Messerspitzen gemahlene Gewürzelken
1,5 l starker schwarzer Kaffee
250 ml brauner Rum
200 gl Sahne zzgl. steif geschlagene Sahne zum Garnieren
Schale von 1 unbehandelten Zitrone
Schale von 1 unbehandelten Orange

Zucker und Butter in einen heißen Topf geben und karamellisieren lassen, mit Salz, Muskat, Zimt und Nelken würzen. Mit dem Kaffee ablöschen, Rum, Sahne sowie Orangen- und Zitronenschalen dazugeben. Umrühren, bis sich der Zucker aufgelöst hat, dabei nicht über 65 °C erhitzen.

Den Punsch sofort in Gläser füllen und mit einer Haube aus Schlagsahne garnieren. Auf Wunsch mit etwas Zimt garnieren.

FRUCHTIG-ELEGANT

Grand Marnier · Kumquat Grapefruit

Ergibt 2 Liter

1 l Roséwein
400 ml Grapefruitsaft
400 ml Cranberrysaft
200 g Kumquats
5 EL Honig
200 ml Grand Marnier

Roséwein, Grapfruitsaft und Cranberrysaft in einen großen Topf geben und erhitzen. Die Kumquats heiß abwaschen und einmal in der Mitte durchschneiden. Den Punsch mit Honig süßen, die Kumquats und den Grand Marnier dazugeben.

Heiß in Punschgläsern servieren und genießen.

KLASSISCH-HERB

Oloroso · Earl Grey Zitrone

Ergibt 2 Liter

6 TL Earl-Grey-Tee (oder 6 Teebeutel)
150 g Zucker
2 unbehandelte Zitronen
400 ml Oloroso-Sherry
100 ml brauner Rum
Kandisstangen zum Garnieren

Die Teeblätter in ein Tee-Ei füllen. In einem großen Topf mit 1,5 l sprudelnd kochendem Wasser übergießen und 4 Minuten ziehen lassen, danach das Tee-Ei entfernen und den Tee in einen Topf gießen. Den Zucker unter Rühren darin auflösen. Die Zitronen heiß abwaschen und dünn schälen, die Früchte auspressen. Schalen und Saft mit Sherry sowie Rum zum Tee geben und alles erhitzen, aber nicht kochen lassen.

Zum Servieren den Teepunsch durch ein Sieb gießen und in Gläser füllen. Mit Kandisstangen zum Nachsüßen garnieren.

Malzbier · Darjeeling weißer Pfeffer

Ergibt 2 Liter

4 TL Darjeelingtee
(oder 4 Teebeutel)
1 l Malzbier
4 EL Honig
4 TL Orangenlikör (vorzugsweise
Angel d'Or, Mallorca)
1 Handvoll weiße Pfefferkörner
4 Gewürznelken
1 Zimtstange
unbehandelte Zitronenspalten
zum Garnieren

Am Vortag die Teeblätter in ein Tee-Ei füllen. In einem großen Topf mit 1 l sprudelnd kochendem Wasser übergießen und 4 Minuten ziehen lassen, danach das Tee-Ei entfernen. Das Malzbier mit Honig und Orangenlikör hinzugießen und unter ständigem Rühren erhitzen, aber nicht kochen lassen. Die Gewürze dazugeben, den Topf vom Herd nehmen und alles über Nacht ziehen lassen.

Vor dem Servieren den Punsch durch ein Sieb gießen und wieder erhitzen. In Gläser füllen und mit Zitronenspalten servieren.

Mandarine · Cointreau Weißer Tee

Ergibt 2 Liter

5 TL weißer Tee
600 ml Mandarinensaft
200 ml Cointreau
3 Dosen Mandarinenfilets, abgetropft
15 TL Rohrzuckersirup
Minze zum Garnieren

Die Teeblätter in ein Tee-Ei füllen. In einem großen Topf mit 1,2 l sprudelnd kochendem Wasser übergießen und 4 Minuten ziehen lassen, danach das Tee-Ei entfernen. Den Tee lauwarm abkühlen lassen, mit Mandarinensaft sowie Cointreau vermischen und die Mandarinenfilets dazugeben.

Den Sirup gleichmäßig auf die Gläser verteilen und vorsichtig mit Punsch aufgießen. Mit Minze garnieren und mit einem Löffel zum Umrühren servieren.

CREMIG-SANFT

Sloeberry Gin · Butter Rosinen

Ergibt 2 Liter

8 EL brauner Zucker
8 EL Butter
1,5 l naturtrüber Apfelsaft (säuerlich)
500 ml Sloeberry Gin (Schlehengin)
8 EL Rosinen
geröstete Mandeln zum Garnieren

Zucker und Butter in einen heißen Topf geben und karamellisieren. Mit dem Apfelsaft ablöschen und mit dem Gin auffüllen. Umrühren, bis sich der Karamell aufgelöst hat, dabei nicht kochen lassen.

In jedes Punschglas 1 EL Rosinen geben. Den heißen Punsch darübergießen und mit gerösteten Mandeln garnieren. Mit einem Löffel servieren.

WEIHNACHTLICH

Portwein · Traube · Nelke

Ergibt 2 Liter

1 unbehandelte Zitrone
1 l roter Portwein
1 l Traubensaft
2 Zimtstangen
8 Gewürznelken
5 EL brauner Zucker
8 EL Rosinen

Die Zitrone heiß abwaschen und in Scheiben schneiden. Die Zitronenscheiben zusammen mit Portwein, Traubensaft, Zimtstangen und Nelken in einen Topf geben und langsam erhitzen. Mit braunem Zucker süßen und etwas ziehen lassen, dann durch ein Sieb gießen.

Die Rosinen auf Gläser verteilen. Den Punsch darübergießen und mit einem Löffel servieren.

KLASSISCH-FEURIG

Feuerzangenbowle

Ergibt 2 Liter

2 unbehandelte Orangen
2 unbehandelte Zitronen
2 Zimtstangen
8 Sternaniskapseln
4 Gewürznelken
2 l trockener Rotwein
375 ml Stroh-Rum
1 Zuckerhut

Die Zitrusfrüchte heiß abwaschen. Die Schale dünn abschälen, den Saft auspressen. Den Saft durch ein Sieb in einen Topf gießen, Zitrusschale, Zimtstangen, Sternanis und Nelken dazugeben, mit dem Rotwein aufgießen. Alles erhitzen, aber nicht aufkochen lassen. Den Rum in einem separaten Topf leicht erwärmen.

Den Zuckerhut auf einer Feuerzange über den Topf legen, mit etwas Rum beträufeln und anzünden. Ehe die Flamme erlischt, mit einer Schöpfkelle so lange Rum nachgießen, bis er verbraucht ist.

Die Feuerzangenbowle heiß in Punschgläsern servieren.

Tipp

Die erkaltete Feuerzangenbowle eignet sich auch hervorragend als weihnachtlicher Aperitif. Einfach 4 cl in ein Sektglas geben, mit Winzersekt auffüllen und mit einer Orangenspirale dekorieren.

Ananas-Weißwein-Rum

Ergibt 2 Liter

2 Zitronen
1 l trockener Weißwein
1 l Ananassaft (nicht die Flüssigkeit aus der Dose)
15 cl weißer Rum
150 g Zucker
1 Dose Ananas

Die Zitronen auspressen. Den Saft mit Weißwein, Ananassaft, Rum sowie dem Zucker erhitzen, aber nicht kochen lassen.

Die Ananas in Stücke schneiden und auf Gläser verteilen. Den heißen Punsch vorsichtig darübergießen und mit einem Löffel servieren.

yum
yum

FRUCHTIG-WÜRZIG

Cidre · Limette Wacholder

Ergibt 2 Liter

2 l Cidre (Apfelwein)
Schale von 2 unbehandelten Limetten
Schale von 1 unbehandelten Orange zzgl. Orangenschale zum Garnieren
10 gewürznelken
5 Wacholderbeeren
4 Zimtstangen
5 EL brauner Zucker
brauner Rum nach Geschmack

Den Cidre mit Limetten- und Orangenschale, Nelken, Wacholderbeeren, Zimtstangen und dem Zucker in einen großen Topf geben und alles gut verrühren. Das Ganze ca. 15 Minuten leicht köcheln lassen, dann durch ein Sieb gießen und auf Gläser verteilen.

Jede Portion nach Geschmack mit einem kleinen Schuss braunem Rum verfeinern und mit Orangenschale garnieren.

AROMATISCH-SANFT

Quitte · Weißwein Vanille

Ergibt 2 Liter

1,5 kg Quitten
1 Vanilleschote
3 Gewürznelken
3 Sternaniskapseln
1,5 l Weißwein
150 g brauner Zucker

Die Quitten mit einem Tuch abreiben und anschließend vierteln. In einem Topf mit Wasser bedecken und 40 Minuten kochen, bis sie weich sind. In ein Passiertuch geben und über eine Schüssel hängen, sodass der Saft langsam abtropfen kann.

Die Vanilleschote längs aufschneiden und das Mark herauskratzen. Den gewonnenen Quittensaft mit Vanillemark, Nelken, Sternanis, Weißwein und Zucker bei schwacher Hitze ca. 40 Minuten ziehen lassen.

Den Punsch durch ein Sieb gießen und auf Gläser verteilen, heiß genießen.

Tipp

Nachdem die Vanilleschote vom Mark befreit wurde, enthält sie immer noch viel Aroma, das sie abgeben kann. Einfach in ein Einmachglas mit Zucker geben. Nichts ist aromatischer als selbst gemachter Vanillezucker.

FRUCHTIG-ROT

Johannisbeere · Pflaume Rosmarin

Ergibt 2 Liter

8 Rosmarinzweige zzgl. Rosmarin zum Garnieren
1 ½ l Schwarzer Johannisbeersaft
150 ml Pflaumenbrand
5 EL Honig

Die Rosmarinnadeln abzupfen und in ein Tee-Ei geben. In einem Topf mit 350 ml sprudelnd kochendem Wasser übergießen und 7 Minuten ziehen lassen. Danach das Tee-Ei entnehmen und den Johannisbeersaft sowie den Pflaumenbrand dazugeben und alles erhitzen, aber nicht kochen lassen.

Den Punsch mit Honig abrunden und auf Gläser verteilen. Mit Rosmarin garnieren.

SAHNIG-WÜRZIG

Altbier · Himbeere · Ei

Ergibt 2 Liter

400 g tiefgekühlte Himbeeren
1 Vanilleschote
1 l Altbier
700 ml Pfirsichsaft
100 g Sahne
8 Eigelb
15 EL Zucker
Saft von 2 Zitronen
1 Prise gemahlener Kardamom

Die Himbeeren auftauen lassen. Die Vanilleschote längs aufschneiden und das Mark herauskratzen, beides in einen großen Topf geben. Altbier, Pfirsichsaft und Sahne zugießen und bei schwacher Hitze langsam erwärmen. In der Zwischenzeit Eigelbe und Zucker in eine Schüssel geben und über einem heißen Wasserbad dickschaumig aufschlagen.

Die erwärmte Altbiermischung unter ständigem Rühren vorsichtig zur Eigelbmasse geben. Den Punsch mit Zitronensaft und Kardamom abschmecken.

Die Himbeeren auf Gläser verteilen. Den Punsch darübergießen, mit einem Löffel servieren.

KLASSISCH-BELIEBT

Glühwein

Ergibt 2 Liter

8 Kardamomkapseln
8 Gewürznelken
8 Pimentkörner
4 Sternaniskapseln
2 Zimtstangen zzgl.
  Zimtstangen zum Garnieren
1 TL Koriandersamen
1 TL Anissamen
1,5 l trockener Rotwein
2 unbehandelte Orangen zzgl.
  Orangenscheiben zum Garnieren
Zucker nach Geschmack

Die Kardamomkapseln mit der breiten Seite eines großen Messers aufdrücken. Kardamom, Nelken, Piment, Sternanis, Zimtstangen, Koriander und Anis in einen großen Teebeutel geben und zubinden.

Den Rotwein und 500 ml Wasser mit dem Teebeutel in einen Topf geben und zugedeckt aufkochen. Inzwischen die Orangen heiß abwaschen, trocknen und in 0,5 cm dicke Scheiben schneiden. In den Topf geben und alles zugedeckt bei schwacher Hitze ca. 15 Minuten ziehen lassen.

Den Teebeutel gut ausdrücken und herausnehmen. Den Punsch vor dem Servieren mit Zucker abschmecken. Auf Gläser verteilen und mit Orangenscheiben und Zimtstangen garnieren.

KLASSISCH-FEIN

Weißer Glühwein

Ergibt 2 Liter

1,5 l trockener Weißwein
2 Äpfel
2 TL Akazienhonig
500 ml heller Traubensaft
Schalen von 1 unbehandelten Orange
2 Zimtstangen
8 Gewürznelken
8 Kardamomkapseln
1 Zitronenspalte
brauner Zucker zum Garnieren

Den Weißwein in einen Topf gießen und erhitzen. Beide Äpfel in Scheiben schneiden und dazugeben. Mit dem Akazienhonig süßen und mit dem Traubensaft auffüllen. Orangenschalen, Zimtstangen und Nelken hinzufügen. Die Kardamomkapseln mit der breiten Seite eines großen Messers aufdrücken und ebenfalls in den Topf geben. Zugedeckt ca 15 Minuten ziehen lassen.

Den Rand der Punschgläser mit einer Zitronenspalte abreiben, dann in braunen Zucker tauchen. Den Punsch durch ein Sieb gießen und auf die Gläser verteilen.

Tipp

Mit einem Keksausstecher dünne Apfelscheiben in Sternform ausstechen und als Dekoration uns Glas geben.

FRUCHTIG-FRISCH

Zitronenmelisse · Wodka Traube

Ergibt 2 Liter

5 Stängel Zitronenmelisse zzgl. Zitronenmelisse zum Garnieren
2 unbehandelte Zitronen
100 ml Wodka
400 ml heller Traubensaft
500 ml Birnensaft

Die Zitronenmelisse in einem Topf mit 1 l sprudelnd kochendem Wasser übergießen und 7 Minuten ziehen lassen, danach wieder entnehmen. Eine Zitrone auspressen und den Saft zugießen, Trauben- und Birnensaft sowie den Wodka in den Topf geben und alles schwach erhitzen.

Die zweite Zitrone heiß abwaschen, in Scheiben schneiden und auf Gläser verteilen, jeweils einige Blätter Zitronenmelisse dazugeben. Den Punsch in die vorbereiteten Gläser gießen und heiß genießen.

CREMIG-SÜSS

Mokka-Schokolade Weinbrand

Ergibt 2 Liter

1 Tafel Mokkaschokolade
1,5 l heißer starker Kaffee
8 Eigelb
15 EL Zucker
100 ml Weinbrand
Saft von 2 Orangen
Mokkabohnen zum Garnieren

Die Schokolade hacken und im heißen Kaffee schmelzen lassen. Die Eigelbe mit dem Zucker in einer Schüssel über einem heißen Wasserbad schaumig schlagen, dann langsam unter Rühren die warme Kaffee-Schokoladen-Mischung zugießen. Weinbrand und Orangensaft unterrühren und den Punsch nochmals kurz aufschlagen.

Auf Gläser verteilen und mit Mokkabohnen garnieren.

FRUCHTIG–FEIN

Mandarine · Karotte Aprikose

Ergibt 2 Liter

2 TL getrocknete Lavendelblüten
6 Mandarinen
1 l Orangensaft
500 ml Karottensaft
300 ml Mandarinenbrand
200 g getrocknete Aprikosen

Die Lavendelblüten in ein Tee-Ei geben. Die Mandarinen auspressen und 200 ml Saft abmessen. Zusammen mit Orangensaft, Karottensaft und Mandarinenbrand in einen großen Topf geben und erhitzen. Das Tee-Ei dazugeben und alles 5 Minuten ziehen lassen.

Die getrockneten Aprikosen halbieren und auf Gläser verteilen.
Den Punsch darübergießen und mit einem Löffel servieren..

CREMIG–NUSSIG

Tonkabohne · Haselnuss Mandelmilch

Ergibt 2 Liter

1 l Milch
800 ml Mandelmilch
200 ml Haselnussgeist
1 Tonkabohne
2 TL Ahornsirup

Milch, Mandelmilch und Haselnussgeist langsam erhitzen und etwas Tonkabohne mit einer Muskatreibe sparsam hineinreiben, ihr Aroma ist sehr intensiv.

Den Punsch 20 Minuten ziehen lassen, dann mit Ahornsirup abschmecken und auf Gläser verteilen. Mit geriebener Tonkabohne garnieren.

SAMTIG-ROT

Vogelbeere · Marzipan Portwein

Ergibt 2 Liter

5 EL brauner Zucker
700 ml roter Portwein
1 Orange
1 Zitrone
500 ml Kirschsaft
400 ml Schlehensaft
200 ml Vogelbeerbrand
100 g Marzipan
steif geschlagene Sahne zum Garnieren

Den Zucker in einem Topf karamellisieren lassen und mit Portwein ablöschen. Orange und Zitrone auspressen und den Saft zusammen mit Kirschsaft, Schlehensaft und Vogelbeerbrand in den Topf gießen. Das Marzipan zerkleinern und dazugeben. Alles verrühren und ca. 15 Minuten ziehen lassen.

Den Punsch in Gläser gießen, mit steif geschlagener Sahne garnieren und heiß genießen.

let
it
snow

KLASSISCH-CREMIG

Friesischer Eiergrog

Ergibt 2 Liter

9 Eigelb
9 EL Zucker
400 ml brauner Rum
frisch geriebene Muskatnuss
zum Garnieren

Eigelbe und Zucker in einer Schüssel über einem heißen Wasserbad schaumig schlagen. Den Rum mit 1,5 l kochend heißem Wasser verrühren und unter ständigem Schlagen zur Eigelbmasse geben.

Den Eiergrog in Gläser füllen und vor dem Servieren etwas Muskat darüberreiben.

KLASSISCH-WÜRZIG

Jagertee

Ergibt 2 Liter

400 ml trockener Rotwein
700 ml Orangensaft
300 ml Obstler
600 ml schwarzer Tee
2 Zimtstangen
4 Gewürznelken
250 g Zucker
1 unbehandelte Orange

Rotwein, Orangensaft, Obstler, schwarzen Tee, Zimtstangen und Nelken in einen großen Topf geben und langsam erhitzen.
Den Zucker unterrühren, bis er sich aufgelöst hat, und alles einmal kurz aufkochen.

Die Orange heiß abwaschen und in Scheiben schneiden. Den Punsch durch ein Sieb gießen und auf Teegläser verteilen. Mit den Orangenscheiben garnieren.

KLASSISCH-GEMÜTLICH

Glögg

Ergibt 2 Liter

2 TL Kardamomkapseln
4 stangen Zimt
30 Gewüznelken
1 Stück Ingwer (ca. 2 cm)
Schale von 1 unbehandelten
Orange
200 ml Bröndums oder Wodka
1,8 l Rotwein
600 g Zucker
100 g geschälte Mandeln
100 g Rosinen

Den Kardamom zerstoßen, die Zimtstangen in kleine Stücke brechen. Alle Gewürze, Ingwer und Orangenschalen in ein Einmachglas mit Schraubverschluss geben, mit dem Schnaps auffüllen und 24 Stunden ziehen lassen.

Dann denn aromatisierten Schnaps durch einen Kaffeefilter in einen Topf gießen lassen. Den Wein dazugeben, Zucker, Mandeln und Rosinen hinzufügen und langsam erwärmen.
Den Glögg in Gläser verteilen und mit einigen geschälten Mandeln und Rosinen garnieren.

Ingwer · Traube Karambole

Ergibt 2 Liter

4 TL grüner Tee
500 ml trockener Weißwein
1 l heller Traubensaft
2 EL Honig
1 Stück Ingwer (ca. 50 g)
1 Karambole (Sternfrucht)

Den grünen Tee mit 500 ml sprudelnd kochendem Wasser übergießen und 5 Minuten ziehen lassen. Den Tee durch ein Sieb in einen Topf gießen, Weißwein, Traubensaft und Honig zugeben und alles erhitzen.

Den Ingwer schälen und längs in dünne Scheiben schneiden. Die Karambole waschen, in dünne Scheiben schneiden und die Kerne entfernen.

Den Punsch auf Gläser verteilen und mit Ingwer- und Karambolescheiben garnieren.

SANFT-NUSSIG

Licor 43 · Kakao Marone

Ergibt 2 Liter

1 Vanilleschote
100 g gegarte Maronen (vakuumverpackt)
500 ml Milch
500 ml Kokosmilch
700 ml Birnensaft
300 ml Licor 43
2 TL Kakaopulver
Schale von 1 unbehandelten Orange

Die Vanilleschote längs aufschneiden und das Mark herauskratzen. Die Maronen halbieren und schon einmal auf die Punschgläser verteilen. Milch, Kokosmilch, Birnensaft und Licor 43 zusammen mit Vanillemark und Kakaopulver in einem großen Topf erhitzen, aber nicht kochen lassen. Die Orangenschale dazugeben und alles 10 Minuten ziehen lassen.

Den Punsch heiß in die Gläser füllen und mit einem Löffel für die Maronen servieren.

FRUCHTIG-WÜRZIG

Goji · Rotbusch Kardamom

(alkoholfrei)

Ergibt 2 Liter

5 TL Rotbuschtee
2 EL Gojibeeren zzgl. Gojibeeren zum Garnieren
8 Kardamomkapseln
2 Sternaniskapseln
4 TL Kandiszucker
1 Handvoll geschälte Mandeln zum Garnieren

Den Rotbuschtee mit 2 l sprudelnd kochendem Wasser übergießen, Gojibeeren, Kardamomkapseln (vorher mit einer Messerklinge andrücken) und Sternanis dazugeben und 6 Minuten ziehen lassen. Mit dem Kandiszucker süßen.

Den Punsch durch ein Sieb gießen und auf die Gläser verteilen. Diese mit den restlichen Gojibeeren und abgezogenen Mandeln garnieren. Mit einem Löffel servieren und heiß genießen.

AROMATISCH–SCHARF

Apfel · Ingwer · Zimt

(alkoholfrei)

Ergibt 2 Liter

1 Stück Ingwer (ca. 20 g)
1 Zitrone
2 l naturtrüber Apfelsaft
2 Zimtstangen
1 unbehandelte Orange
zum Garnieren

Den Ingwer schälen, längs in sehr dünne Scheiben schneiden und in einen Topf geben. Die Zitrone auspressen und den Saft zusammen mit dem Apfelsaft zugießen. Die Zimtstangen hinzufügen und alles bei schwacher Hitze bis zum Siedepunkt erwärmen, aber nicht kochen lassen.

Die Orange heiß abwaschen und in Scheiben schneiden. Den Punsch auf Gläser verteilen und mit Orangenscheiben garnieren.

CREMIG-SÜSS

Mandelmilch · Banane Dattel

(alkoholfrei)

Ergibt 2 Liter

1 l Milch
500 ml Mandelmilch
1 Zimtstange
1 TL gemahlener Kardamom
500 ml Bananensaft
4 TL Ahornsirup
200 g Medjool-Datteln

Milch und Mandelmilch mit der Zimtstange sowie dem Kardamom aufkochen und ziehen lassen. Den Bananensaft dazugeben und den Punsch mit Ahornsirup süßen.

Die Datteln entsteinen und auf die Gläser verteilen. Den Punsch darübergießen und mit einem Löffel servieren.

WEIHNACHTLICH

Hibiskus-Cranberry Orange (alkoholfrei)

Ergibt 2 Liter

2 EL getrocknete Hibiskusblüten
1 l Cranberrysaft
2 Zimtstangen
4 Sternaniskapseln
1 unbehandelte Orange
zum Garnieren

Die Hibiskusblüten in ein Tee-Ei füllen. 1 Liter Wasser mit Cranberrysaft, Zimtstangen und Sternanis aufkochen. Vom Herd nehmen, das Tee-Ei hineingeben und die Hibiskusblüten gute 8 Minuten ziehen lassen.

Die Orange heiß abspülen und in Scheiben schneiden. Den heißen Punsch auf Gläser verteilen und mit Orangenscheiben garnieren.

LIEBLICH–SÜSS

Orange · Holunder Aprikose (alkoholfrei)

Ergibt 2 Liter

300 ml Orangensaft
500 ml Holunderbeeren-Direktsaft
80 g getrocknete Aprikosen zzgl. Aprikosen zum Garnieren
40 g Rosinen
100 g Kandiszucker
100 g geschälte Mandeln
1 Zimtstange
Saft von 1 Zitrone
Schale von 1 unbehandelten Orange

Orangensaft und Holundersaft mit 1,2 l Wasser in einen großen Topf gießen. Die Aprikosen halbieren und dazugeben, gefolgt von Rosinen, Kandiszucker, Mandeln sowie der Zimtstange. Alles erhitzen und 10 Minuten köcheln lassen.

Nun Zitronensaft und Orangenschale dazugeben und noch einige Minuten ziehen lassen. Die übrigen Aprikosen in Scheiben schneiden. Den Punsch durch ein Sieb gießen, auf Gläser verteilen, mit den Aprikosenscheiben garnieren und heiß servieren.